MINISTÈRE DE LA GUERRE

CIRCULAIRE DU 18 JUIN 1916

RELATIVE AUX

CONGÉS DE CONVALESCENCE

ET

PERMISSIONS

LIBRAIRIE MILITAIRE BERGER-LEVRAULT

Éditeurs de l'*Annuaire officiel de l'Armée française*

PARIS | NANCY
5-7, RUE DES BEAUX-ARTS | RUE DES GLACIS, 18

1916

Prix : 50 centimes

CIRCULAIRE DU 18 JUIN 1916

RELATIVE AUX

CONGÉS DE CONVALESCENCE

ET

PERMISSIONS

LIBRAIRIE MILITAIRE BERGER-LEVRAULT

Éditeurs de l'Annuaire officiel de l'Armée française

PARIS | NANCY
5-7, RUE DES BEAUX-ARTS | RUE DES GLACIS, 18

1916

CIRCULAIRE DU 18 JUIN 1916

RELATIVE AUX

CONGÉS DE CONVALESCENCE

ET

PERMISSIONS

Paris, le 18 juin 1916.

En raison des modifications nombreuses apportées aux règles concernant l'octroi des congés de convalescence et des permissions, ainsi que les conditions de transport et la discipline des militaires ayant obtenu un congé de convalescence ou une permission, il est nécessaire de codifier, dans un texte unique, toutes les dispositions relatives à ces questions.

Tel est l'objet de la présente circulaire, qui entrera en vigueur le 5 juillet pour la France et l'Afrique du Nord, le 15 juillet pour l'A. O. et le Maroc.

I — Congés de convalescence.

1. CONGÉS POUVANT ÊTRE ACCORDÉS. — Tous les congés, autres que les congés de convalescence, sont supprimés pendant la durée de la guerre.

Les congés de convalescence doivent eux-mêmes être considérés comme exceptionnels.

Ils peuvent être accordés pour une durée variant de un à trois mois.

2. A QUI SONT-ILS ACCORDÉS. — Il importe de répartir les blessés ou malades du front en quatre catégories :

1º *Malades ou blessés très graves intransportables.* — Ils sont soignés d'abord dans les formations sanitaires de leur armée et, après un temps plus ou moins long, évacués sur l'intérieur, dès que leur état le permet;

2º *Malades ou blessés transportables.* — Ils sont immédiatement évacués sur l'intérieur, après avoir reçu les premiers soins nécessaires;

3º *Hommes ayant reçu des blessures de guerre légères ou ayant contracté des maladies susceptibles de guérir en quatre ou cinq semaines.* — Ces hommes sont conservés dans la zone des armées pour être traités dans des hôpitaux de blessés légers, choisis parmi les hôpitaux déjà existants ou créés en vue de cette destination spéciale;

4º *Éclopés.* — Ce terme doit s'entendre des hommes momentanément indisponibles à la suite de fatigue, d'affection médicale peu grave ou de blessure légère de cause accidentelle; ils sont admis dans les dépôts d'éclopés de la zone des armées, dont le fonctionnement est prévu par l'Instruction du 17 décembre 1914.

Au point de vue de l'attribution des congés de convalescence ou des permissions d'une semaine, les malades ou blessés des deux premières catégories relèvent de la zone de l'intérieur; ceux de la troisième, de la zone des armées. Les éclopés, au contraire, n'ont droit à aucune permission ou congé et, après guérison, sont dirigés directement sur leur corps en campagne.

3. Dans la *zone de l'intérieur,* les congés de convalescence ne peuvent être accordés qu'aux militaires sortant des hôpitaux-dépôts de convalescents. Ces formations, organisées exclusivement dans la zone de l'intérieur, sont essentiellement distinctes des autres formations sanitaires.

Il s'ensuit que le passage par les hôpitaux-dépôts de convalescents est obligatoire :

1º Pour les militaires sortant des hôpitaux militaires ou temporaires que leur état paraît rendre justiciables soit d'un congé de convalescence (1), soit d'une réforme ou de la retraite;

2º Pour tous les militaires sortant de formations sanitaires autres que les hôpitaux militaires ou temporaires.

4. Dans la *zone des armées,* les blessés de guerre ou malades légers, susceptibles d'être guéris après un traitement de quatre à cinq semaines, pourront être, à leur sortie des hôpitaux de la zone des armées où sont soignés les blessés ou malades de cette catégorie, directement envoyés, soit en congé de convalescence dans les mêmes conditions que les blessés évacués dans la zone de l'intérieur, c'est-à-dire par les soins de la commission spéciale de la subdivision dont ils relèvent, mais sans passer par les hôpitaux-dépôts de convalescents, qui n'existent pas dans la zone des armées, soit en permission d'une semaine (Voir ci-après au paragraphe 14).

Dans les ambulances de l'avant (ambulances de corps

---

(1) Les médecins chefs des hôpitaux militaires ou temporaires dirigeront également sur les hôpitaux-dépôts de convalescents les blessés pour lesquels un doute subsisterait au sujet de la décision à prendre à leur égard.

d'armée et de division), les malades et blessés pourront obtenir des congés de convalescence, à titre très exceptionnel, et si leur état le nécessite. Dans chaque corps d'armée, les demandes de congés seront adressées par les médecins-chefs des ambulances au général commandant le corps d'armée qui statuera.

5. En résumé, les congés de convalescence ne peuvent être accordés, dans la zone des armées, qu'aux militaires sortant des formations sanitaires, dans la zone de l'intérieur qu'aux militaires sortant des hôpitaux-dépôts de convalescents. Les militaires sortant des dépôts d'éclopés de la zone des armées n'y ont aucun droit et, après guérison, sont dirigés directement sur leur corps en campagne.

6. Par qui sont-ils accordés. — Les congés sont délivrés par une commission spéciale composée :
Du général commandant la subdivision ou son délégué;
D'un officier ;
Du médecin chef de la place.
.Toutefois, les blessés ou malades intransportables, en traitement dans les formations sanitaires de la zone des armées, qui, exceptionnellement, n'auraient pas été évacués sur la zone de l'intérieur, proposés pour la réforme n° 1 et susceptibles, pour ce motif, d'être mis en congé de convalescence, en attendant leur radiation définitive des contrôles, pourront obtenir sur place, du général commandant la subdivision de région de la zone des armées dont ils relèvent, un congé de cette nature.

De plus, ceux qui se trouvent dans les dépôts des corps de troupe en attendant la constitution de leur dossier, en vue d'une présentation devant la commission de réforme, peuvent, sur l'avis conforme du médecin chef de service, obtenir un congé renouvelable avec gratuité de transport, sous réserve qu'ils répondront à la convocation que leur enverra le dépôt.

Enfin, à titre exceptionnel, le médecin chef de l'hôpital de Bourbonne-les-Bains pourra également délivrer directement des congés de convalescence aux militaires sortant de cet établissement, après la cure thermale.

7. Destination. — Les militaires bénéficiaires de congés de convalescence ne pourront recevoir que deux destinations :
1° Leur famille (celle avec laquelle ils vivaient avant la mobilisation, femme, enfants, ascendants, tuteur, etc.). Dans ce cas, la famille devra en faire la demande expresse, dûment certifiée par le maire ou le commissaire de police, sans être tenue de produire un certificat d'hébergement;
2° Les établissements créés par l'Œuvre d'assistance aux convalescents.
Les blessés ou malades titulaires d'un congé de convalescence, les mutilés, les militaires en instance de retraite pour infirmités, qui sont sans famille ou dont la famille habite une région envahie, devront être dirigés par les soins de

l'autorité militaire sur ces établissements; la liste en est tenue dans chaque région par les soins du directeur du Service de Santé; l'admission des malades et blessés est précédée, dans tous les cas, de la délivrance d'un congé de convalescence régulier.

8. Mise en route. — Les militaires envoyés en congé de convalescence devront recevoir les ordres de transport nécessaires :

1º Pour le trajet d'aller jusqu'au lieu où ils passent leur convalescence ;

2º Pour le trajet de retour depuis le lieu où ils ont passé leur convalescence :

a) Jusqu'à la gare régulatrice desservant leur unité, s'ils sont titulaires d'un congé délivré dans la zone des armées, ou si, envoyés du front en permission, ils ont été autorisés, pour raisons de santé, à prolonger leur séjour à l'intérieur et, à la suite de cette prolongation, ont obtenu un congé de convalescence.

A la gare régulatrice, ils seront rééquipés et armés pour être dirigés de suite sur leur corps au front;

b) Jusqu'au dépôt de leur corps, s'ils sont titulaires d'un congé délivré dans la zone de l'intérieur.

Ces ordres de transport seront délivrés, dans la zone des armées, d'après les instructions du général commandant en chef; dans la zone de l'intérieur, par le médecin chef de l'hôpital-dépôt de convalescents.

Dans tous les cas, c'est-à-dire pour les déplacements visés ci-dessus, les militaires auront droit aux indemnités journalières, même s'ils sont constitués en détachement.

9. *a*) Il faut, à l'aller et au retour, un ordre de transport pour le trajet sur les grands réseaux, et un par compagnie secondaire empruntée;

b) Sauf pour les officiers, le titre de congé ne peut suffire à obtenir un billet à quart de place, même si le militaire est en tenue.

10. Prolongations. — Les prolongations de congés de convalescence ne peuvent être envisagées qu'en cas d'absolue nécessité; elles sont accordées exclusivement par la commission spéciale de la subdivision de la résidence des intéressés. Ces derniers doivent se présenter en personne; dans le cas où leur état de santé ne leur permet pas de se présenter, ils doivent adresser une demande de prolongation au commandant de la subdivision de leur résidence, avec attestation d'un médecin et du maire constatant qu'ils ne peuvent se déplacer. La commission spéciale se fait, en outre, renseigner par la gendarmerie; elle peut donner l'ordre de transporter les militaires intéressés sur une formation sanitaire voisine, si leur état de santé le permet.

11. Dispositions concernant les infirmes et les mutilés. — Les infirmes et mutilés qui désirent bénéficier d'une rééducation professionnelle dans les établissements spéciaux créés à cet effet, et qui n'auraient pu obtenir, pour des raisons diverses, un congé de convalescence à leur sortie des hôpitaux-dépôts de convalescents, pourront, sur leur demande, bénéficier d'une permission de huit jours avant leur admission dans les établissements de rééducation. Cette permission leur sera délivrée, soit par le médecin chef de l'hôpital-dépôt, soit par le directeur de l'établissement spécial.

Cette disposition ne s'applique pas aux militaires indigènes de l'Afrique du Nord admis dans les établissements de rééducation professionnelle.

12. Dispositions spéciales aux militaires indigènes — Les congés et prolongations de congés de convalescence sont délivrés aux militaires indigènes dans les mêmes conditions qu'aux militaires français.

Les médecins chefs des formations sanitaires où sont traités des militaires indigènes (sous-officiers et soldats) adresseront directement au gouverneur général de l'Algérie, au résident général de Tunisie ou au commissaire résident général du Maroc, suivant le cas, une note (1) pour chacun des militaires indigènes qu'ils prévoiront devoir être envoyés en congé de convalescence après guérison, et ce sans que le militaire indigène intéressé ait à provoquer une demande de la part de sa famille.

Les militaires indigènes qui, ayant besoin d'un congé de convalescence, ne sont pas envoyés dans leur famille en Afrique, sont dirigés :

a) Les Algériens et les Tunisiens : sur les établissements de l'Œuvre de l'assistance aux convalescents des 15ᵉ, 16ᵉ, 17ᵉ et 18ᵉ régions ;

b) Les Marocains : sur la maison de convalescence des troupes marocaines de San-Salvadour (Var).

A leur sortie de ces établissements, ils rejoignent les dépôts de passage de la 15ᵉ région (Aix, pour les tirailleurs algériens; Alais, pour les tirailleurs tunisiens; Arles, pour les tirailleurs et spahis marocains; Tarascon, pour les spahis algériens et tunisiens).

13. Dispositions spéciales concernant les militaires en instance de pension ou de réforme Nᵒ 1. — Les militaires atteints de blessures ou de maladies leur ouvrant des droits à une pension de retraite ou à la réforme nᵒ 1 pourront, après leur présentation devant la commission de réforme, bénéficier d'un congé sans limite de durée, valable jusqu'au moment où la pension ou la gratification aura été concédée.

Les militaires indigènes de l'Afrique du Nord qui se trouvent dans ce cas doivent être dirigés, tout d'abord, sur la portion centrale de leur corps en Afrique et non directement sur leurs foyers.

---

(1) Le modèle de cette note est donné par les circulaires nᵒ 5768 9/11 du 3 octobre 1915 (Algériens et Tunisiens) et nᵒ 7158 9/11 du 15 novembre 1915 (Marocains).

II — **Permissions accordées aux militaires des armées ainsi qu'aux militaires des régions de la zone des armées, stationnés au delà de la ligne de démarcation pour la circulation en chemin de fer y compris les localités situées sur la ligne.**

14. Permissions accordées. — Des permissions sont accordées :

a) Pour durée de séjour au front;

b) Comme convalescence, de la durée d'une semaine ; elles sont accordées aux malades et blessés par les médecins chefs des formations sanitaires, à titre exceptionnel, si leur état de santé le nécessite;

c) Exceptionnelles, soit pour décès ou maladie grave de père, mère, femme, enfants ou frère blessé à l'ennemi ou mort pour la France, soit pour revoir des parents (père, mère, femme, enfants) de retour de captivité ou évacués des régions envahies. Ces permissions sont accordées dans les conditions fixées par le général commandant en chef. Les bénéficiaires de ces permissions devront fournir obligatoirement, à leur retour à l'unité, un certificat de la gendarmerie attestant la maladie grave, le décès ou le retour de leurs parents.

Les permissions susindiquées sont accordées aux militaires indigènes de l'Afrique du Nord dans les conditions fixées par la circulaire n° 15027, du 29 juillet 1915, du général commandant en chef les armées françaises; elles sont toujours subordonnées à l'avis du chef de corps intéressé, et ne peuvent être données qu'à destination de la résidence de la famille du titulaire.

15. Conditions de transport. — Il est gratuit pour tous les permissionnaires. Mais les permissionnaires de la troisième catégorie n'auront droit à la gratuité du transport que sur leur demande; de plus, ceux qui auront bénéficié de cette faveur n'auront pas droit à la gratuité lors de la permission pour durée de séjour au front à laquelle ils pourront prétendre à leur tour normal de départ.

16. Trains a employer. — Des trains spéciaux à marche d'express ont été organisés sur les principaux courants de transport. Les permissionnaires doivent les emprunter à l'aller et au retour sur toutes les parties du parcours où ils existent, sous peine de perdre leur droit à la gratuité du transport, et, en outre, d'être l'objet d'une punition disciplinaire. Ils ne peuvent utiliser les trains ordinaires de voyageurs de l'exploitation que sur les seules sections non parcourues par ces trains spéciaux.

Par exception à cette règle, sont autorisés à employer sur la totalité du parcours les trains de voyageurs de l'exploitation :

a) Les officiers, adjudants chefs, adjudants, assimilés et aspirants ;

b) Les marins embarqués et les hommes appartenant à

l'aviation maritime qui partent en permission avec une indemnité de route et paient leur place ;

c) Les militaires ayant obtenu une permission à titre de convalescence et dont le titre porte la mention : « Convalescent. Autorisé à voyager par les trains de l'exploitation », inscrite par le chef de corps et appuyée de son cachet;

d) Les militaires appartenant à certaines formations de la zone des étapes, désignées par les commandants d'armée d'accord avec les commissaires régulateurs; leur permission doit porter la mention : « Autorisé à voyager par les trains de l'exploitation », inscrite par le chef de corps et appuyée de son cachet;

e) Les militaires autorisés à voyager à leurs frais, en cas de permission exceptionnelle pour événement de famille important; leur permission doit porter la mention : « Autorisé à voyager par les trains de l'exploitation », inscrite par le chef de corps et appuyée de son cachet.

Tous les autres sous-officiers et soldats doivent voyager par les express de permissionnaires.

17. Des affiches apposées dans les gares et les indicateurs spéciaux envoyés aux armées et aux régions donnent tous les renseignements nécessaires sur les express spéciaux mis en marche pour les permissionnaires, les correspondances assurées, les points à partir desquels les permissionnaires utilisent les trains normaux de l'exploitation.

18. Les express spéciaux sont tracés de manière à acheminer les permissionnaires entièrement par voie ferrée, sans traverser Paris. En conséquence, *aucun permissionnaire, à l'exception de ceux à destination de Paris ou de sa banlieue, ou de ceux à destination d'autres localités qui sont autorisés à voyager par les trains ordinaires de l'exploitation, ne pourra passer par Paris* sans s'exposer aux sanctions les plus rigoureuses.

19. TITRE DE PERMISSION. — Tous les permissionnaires susvisés reçoivent un titre spécial de permission qui, dans les conditions exposées ci-dessus, leur assure la gratuité de transport par la voie ferrée (grands réseaux ou réseaux secondaires) *pour une destination unique. Sous aucun prétexte, la permission ne devra être donnée pour une double destination.*

Sur les trois parties du titre, le corps ou service doit marquer :

Le corps et l'unité;

La gare destinataire;

Un numéro d'ordre.

En outre, il inscrit, dans la partie supérieure, le nom et le grade.

Pour les militaires voyageant à leurs frais, il détache la partie inférieure, ajoutée pour permettre la liquidation des frais de transport.

Les permissionnaires doivent, tant à l'aller qu'au retour,

faire timbrer leurs permissions dans les gares, d'après les indications qui sont portées au verso du titre.

Au départ, la gare régulatrice ou son annexe appose son timbre à date, non seulement sur la case B, mais encore sur une case réservée, à cet effet, dans la partie supérieure du titre.

Comme ces permissions servent de titre de transport, les permissionnaires ne peuvent refuser de les montrer aux agents des chemins de fer toutes les fois qu'ils en sont requis.

20. Seuls, les militaires stationnés au delà de la ligne de démarcation, cette ligne comprise, sont autorisés à utiliser les titres de permission du modèle spécial.

21. DURÉE DE LA PERMISSION. — Le nombre de jours porté sur le titre est celui que le permissionnaire est autorisé à passer réellement à destination. Il se compte à partir de $0^h 1$, le lendemain du jour de l'arrivée à la gare qui dessert la localité destinataire. Le temps du trajet en chemin de fer n'est jamais compris dans la durée de la permission.

Les permissionnaires doivent donc faire timbrer leur permission avant de sortir de la gare qui dessert la localité destinataire. Ceux qui négligeraient de procéder ainsi, ou qui feraient timbrer leur permission d'une date postérieure à leur arrivée, encourront les peines disciplinaires les plus sévères. Les agent des chemins de fer qui n'auraient pas soin de timbrer les permissions avant que le militaire soit sorti de la gare desservant la localité destinataire, ou qui les timbreraient d'une date postérieure à la date d'arrivée réelle, seront, selon le cas, l'objet de sanctions disciplinaires ou administratives des plus sévères.

22. Lorsque le permissionnaire, à une gare de correspondance, aime mieux se rendre à pied à destination plutôt que d'attendre le train correspondant, c'est à cette gare, et non à la gare de destination, que la permission doit être timbrée. En ce cas, l'agent de la gare ajoutera de sa main, à côté du timbre, la mention : « A défaut de correspondance », appuyée de sa signature, et retirera le coupon.

23. Lorsque le permissionnaire emprunte un réseau secondaire dont la gare est distincte de celle du grand réseau, la gare de transit du grand réseau appose son timbre au-dessous de la case D, et celle du réseau secondaire sur la case D. L'écart entre la date de ce timbre et du timbre D permettra d'apprécier si le permissionnaire a utilisé les trains normalement en correspondance. Le défaut du timbre D établira que le militaire n'a pas utilisé le chemin de fer en quittant le grand réseau et, dans cette éventualité, la durée de la permission sera déterminée par la différence entre les dates des deux timbres apposés dans la partie supérieure du titre.

24. *Pour le retour*, à l'expiration de la permission, les permissionnaires prendront, après minuit, le premier train

qui assure la correspondance avec l'express de permissionnaires. Toutes les fois que cela sera possible, l'employé
chargé du timbrage des permissions à l'arrivée indiquera
sur le titre l'heure du train que le permissionnaire doit
utiliser au retour.

25. Les agents du chemin de fer placés à l'entrée des quais
doivent vérifier soigneusement la date portée sur la permission (case F). Si cette date n'est pas celle du jour où les
permissionnaires se présentent, le premier timbrage sera
considéré comme sans valeur. Le timbrage sera annulé et
remplacé par celui du jour. Le nouveau timbrage sera porté
à droite du mot « jours ». L'apposition d'un timbre à date
à cette place suffira donc à déceler une fraude d'un permissionnaire qui s'est présenté à la date normale du départ,
mais n'a pris le train qu'un ou plusieurs jours après.

26. Si des permissions agricoles venaient ultérieurement
à être accordées dans la zone des armées au delà de la ligne
de démarcation, les conditions du transport seront déter-
minées par des instructions, conformément au paragraphe 47 (1).

27. AUTORISATION DE SE RENDRE DANS UNE LOCALITÉ
AUTRE QUE CELLE QUI EST PORTÉE SUR LE TITRE DE PER-
MISSION. — Les permissionnaires doivent se rendre directement sans arrêts dans la localité pour laquelle ils ont
demandé leur permission.

Si, une fois arrivés à destination, ils désirent se rendre
dans une autre localité, ils doivent demander l'autorisation
au général commandant la subdivision ou, à défaut, au
commandant d'armes ou, à défaut, à la gendarmerie dont
relève la localité mentionnée sur le titre de permission.
Cette autorisation ne sera accordée qu'à titre exceptionnel
et pour des raisons sérieuses.

Elle fera l'objet d'un nouveau titre de permission comportant l'obligation pour le bénéficiaire de voyager à ses frais
au tarif militaire.

En principe, le titulaire de cette nouvelle permission sera
tenu de rentrer au lieu de la permission primitive, à ses
frais, avant son expiration.

Exceptionnellement, c'est-à-dire quand la localité où se
rend le permissionnaire n'est pas plus éloignée du front
que celle portée sur le titre, il pourra être autorisé à rejoindre directement son corps au départ de la localité destination de la seconde permission. Cette autorisation sera
donnée par l'autorité militaire qui a autorisé le déplacement. Dans ce cas, le voyage de retour sera effectué au
moyen du titre primitif gratuit délivré par le corps, cette
nouvelle localité se substituant à la localité destination de

---

(1) Les G. V. C. de la zone des armées en service au delà de
la ligne de démarcation ont droit à des permissions agricoles,
conformément aux instructions en vigueur.

la permission primitive pour toutes les dispositions concernant le voyage de retour. Notamment, en ce qui concerne les délais, le permissionnaire devra quitter la gare desservant le lieu de seconde permission au plus tard le lendemain du jour de l'expiration de la permission primitive, par le premier train qui assure, à partir de 0 heure, la correspondance avec l'express de permissionnaires.

Ce voyage de retour devra s'effectuer avec emprunt des express spéciaux de permissionnaires sur toutes les parties du trajet où ils existent, avec interdiction absolue de passer par Paris.

Le permissionnaire devra rapporter au corps les deux titres de permission.

Sous aucun prétexte, l'autorisation de se déplacer ne pourra être accordée plus d'une fois au cours d'une même permission.

28. *La seconde permission* sera libellée sous la forme suivante :

« Le (nom, grade, corps) est autorisé à se rendre à ses frais au tarif militaire à (localité A).

« Il devra être de retour à (localité désignée sur la permission primitive) au plus tard (date de l'expiration de la permission primitive).

« Il effectuera à ses frais le voyage de retour, comme celui de l'aller. »

Ou bien :

« Le (nom, grade, corps) est autorisé à se rendre à ses frais au tarif militaire à (localité A).

« Il devra rejoindre directement son corps au départ de (gare desservant la localité A), qu'il devra quitter au plus tard le (date du lendemain de l'expiration de la permission primitive). »

29. Ces dispositions sont applicables aux officiers comme aux autres permissionnaires, sauf qu'ils n'ont pas à solliciter d'autorisation pour les déplacements qu'ils ont l'intention d'effectuer au cours de leur permission.

La présentation du titre de permission délivré par le corps leur permettra de se faire délivrer des billets au tarif militaire.

30. PROLONGATIONS, CONDITIONS DANS LESQUELLES ELLES SONT ACCORDÉES. — Les permissionnaires du front ne pourront être autorisés à prolonger leur séjour à l'intérieur qu'à titre absolument exceptionnel, pour raisons de santé ou de famille, et dans les conditions ci-dessous exposées :

a) *Raisons de santé.* — Les permissionnaires du front qui demanderaient une prolongation pour raisons de santé seront soumis à une visite médicale; ceux dont l'état ne permettrait pas le retour aux armées entreront dans une formation sanitaire de leur localité ou de la localité la plus voisine, pour y être soignés pendant tout le temps nécessaire.

Sur le bulletin d'admission à l'hôpital, délivré par le

médecin de la place, mention sera portée que ces militaires sont des permissionnaires du front.

Exceptionnellement, quand la gravité de la maladie paraît motiver un congé de convalescence, le militaire intéressé sera évacué de l'hôpital où il aura été en traitement sur un hôpital-dépôt pour la décision à intervenir.

b) Raisons de famille. — Les demandes de prolongation pour raisons de famille ne seront pas transmises sur le front aux chefs de corps, qui ne possèdent aucun élément d'appréciation, mais seront instruites par les généraux commandant les subdivisions de régions, qui statueront, après enquête. Elles ne seront accordées que si la nécessité impérieuse d'une telle faveur est démontrée.

31. DISPOSITIONS DIVERSES. — Toute prolongation de séjour à l'intérieur d'un permissionnaire du front, soit pour raisons de santé, soit pour raisons de famille, donnera lieu à l'établissement immédiat d'un compte rendu motivé, que la subdivision enverra directement par la voie postale au corps ou service intéressé.

Au sortir de la formation sanitaire où ils auraient été hospitalisés, ou à l'expiration de leur congé de convalescence ou prolongation de permission, tous les militaires permissionnaires du front ayant, à titre exceptionnel, prolongé leur séjour dans la zone de l'intérieur, seront dirigés sur la gare régulatrice par laquelle ils sont arrivés, et non sur le dépôt de leur corps.

III — Permissions de l'armée d'Orient.

32. Les militaires de l'armée d'Orient peuvent obtenir, dans les conditions fixées pour les hommes du front, des permissions ne dépassant pas dix jours, délais de route non compris, et comportant la gratuité du transport par la voie de fer et par eau.

33. Les hommes sont munis d'un titre de permission spécial à coupons détachables servant d'ordre de transport du port de débarquement à leur gare de destination. Ce titre doit être seul employé, à l'exclusion de tous autres.

Les indications données au paragraphe 19 sur le titre de permission s'appliquent aux permissions de l'armée d'Orient.

Outre le nom et le grade, ces permissions spécifieront la classe où peut voyager le détenteur du titre :
a) Classe sur le chemin de fer ;
b) Classe sur les bateaux.

34. La durée inscrite sur le titre de permission représente le nombre de jours pleins que l'homme est autorisé à passer chez lui à partir de $0^h 1$ le lendemain du jour où il arrive à la gare destinataire.

35. Les règles prescrites aux paragraphes 27 à 31 sont applicables aux permissionnaires de l'A. O.

IV — Permissions du Maroc.

36. Les militaires du Maroc peuvent obtenir des permissions dans les conditions fixées par le général commissaire résident général au Maroc. Les délais de route ne sont pas compris dans la durée de ces permissions. Le transport est gratuit par voie de fer et par eau.

Les prescriptions des paragraphes 33 à 35 s'appliquent aux permissionnaires du Maroc.

V — Permissions de la zone de l'intérieur et des militaires des régions de la zone des armées autres que ceux mentionnés au chapitre II.

37. Les permissions que peuvent obtenir les militaires susvisés rentrent dans l'une des catégories suivantes :

38. Permissions de vingt-quatre heures, accordées les dimanches et jours fériés, dans des proportions très restreintes (qui ne devront en aucun cas dépasser 10 % de l'effectif présent pour la zone des armées, 20 % de l'effectif présent pour la zone de l'intérieur) et à titre d'encouragement; le voyage a lieu aux frais des permissionnaires, au tarif militaire.

En principe, les permissionnaires de vingt-quatre heures ne pourront pas partir avant 16 heures ni rentrer après minuit.

En cas d'exception justifiée, la mention de l'heure à laquelle le militaire est autorisé à partir ou à rentrer sera indiquée sur le titre de permission et sera appuyée de la signature du chef de corps ou de service.

39. Permissions exceptionnelles, pour événements graves de famille (obsèques, etc.), et pour une durée strictement limitée à la cause les ayant motivées. Les bénéficiaires de ces permissions devront obligatoirement fournir, à leur retour à l'unité, un certificat de la gendarmerie attestant la réalité du fait qui a motivé l'octroi d'une permission à titre exceptionnel.

Les titulaires de ces permissions bénéficieront, sur leur demande, de la gratuité du transport pour une destination unique, dans les conditions exposées au paragraphe 45. Ceux qui auront bénéficié de cette mesure n'auront pas droit à la gratuité du transport à l'occasion de la permission de quatre jours à laquelle ils pourraient prétendre à leur tour normal de départ.

40. Permissions d'une semaine, accordées aux militaires évacués du front pour blessure ou maladie, à leur sortie, suivant le cas, soit des hôpitaux militaires ou temporaires, soit des hôpitaux-dépôts de convalescents (1), avant qu'ils ne rejoignent le dépôt de leur corps ou la gare régulatrice (2). Ces permissions, qui ne seront jamais prolongées ni renouvelées avant le départ de leur bénéficiaire pour le front, doivent être considérées comme un droit dans la zone de l'intérieur, sauf en cas de force majeure ou de punition grave.

41. *Durée.* — La durée de ces permissions, qui comprend le voyage aller et retour, sera prolongée d'un jour par 400 kilomètres de trajet. Pour les militaires qui vont passer leur permission en Corse ou en Algérie, Tunisie, Maroc, la semaine comptera du jour exclu du débarquement en Corse ou en Afrique au jour exclu du rembarquement.

42. *Conditions du transport.* — Il est gratuit. Les permissionnaires recevront les ordres de transport nécessaires pour le trajet d'aller jusqu'au lieu où ils passent leur convalescence, et pour le trajet du retour depuis le lieu où ils ont passé leur convalescence jusqu'au dépôt du corps (Voir § 9).

L'ordre de transport du trajet de retour portera la mention : « A taxer au quart militaire. »

Les permissionnaires d'une semaine ont droit :

a) Pour les journées de déplacement, aller et retour : à l'indemnité journalière au titre des frais de déplacement, à l'exclusion de la solde et des prestations accessoires d'alimentation ;

b) Pour les autres journées, à la solde et à l'indemnité représentative de vivres, au titre de la solde, si la blessure a été reçue ou la maladie contractée au cours des opérations de guerre.

43. PERMISSIONS DE QUATRE JOURS, accordées aux militaires susvisés, conformément aux instructions de la décision ministérielle du 8 avril 1916 (*B. O.*, P. S.-P., p. 313); dans tous les cas, les permissions devront toujours être séparées par un délai d'au moins trois mois.

44. *Durée.* — La durée de ces permissions, qui comprend le voyage aller et retour, sera prolongée d'un jour par 400 kilomètres du trajet total aller et retour.

45. *Conditions de transport.* — La gratuité du voyage

---

(1) Contrairement aux dispositions antérieures, les médecins chefs des hôpitaux militaires ou temporaires ont à mettre en route, sans les diriger sur les hôpitaux-dépôts, les blessés ou malades guéris, considérés comme ne devant jouir que d'une permission d'une semaine, leurs blessures ou leurs maladies n'ayant pas été assez graves pour justifier un congé de convalescence.

(2) Tout militaire des armées sortant des hôpitaux de la zone des armées (qu'ils soient situés en deçà ou au delà de la ligne de démarcation) ne doit jamais rejoindre son dépôt, mais la gare régulatrice qui dessert son unité, soit directement, soit après congé de convalescence ou permission de sept jours.

en chemin de fer, et, le cas échéant, en paquebot, pour une destination unique, sera accordée à tout sous-officier ou soldat qui en fera la demande.

La veille du départ des permissionnaires, les dépôts demanderont au chef de gare les billets nécessaires, les paieront et les remettront aux permissionnaires. Chaque permissionnaire recevra, soit un billet d'aller et retour, soit deux billets, l'un pour l'aller, l'autre pour le retour. Dans le second cas, le billet de retour portera au verso la mention : « Retour à... (nom de la gare de départ). »

Lorsque les permissionnaires se rendent dans une localité pour laquelle le chef de gare ne peut délivrer de billet militaire, ils recevront, par les soins du corps, deux ordres de transport, l'un pour l'aller, l'autre pour le retour; sur ces ordres de transport sera portée la mention : « A taxer au quart militaire. »

Suivant le cas, le corps inscrira sur le titre de permission la mention « Billets remis » ou : « Ordre de transport remis. »

46. En Algérie, des bons de convoi sont délivrés par les commandants d'armes aux permissionnaires qui ont des trajets à effectuer sur des routes desservies par des voitures publiques, à l'exclusion des chemins de fer.

47. PERMISSIONS AGRICOLES, accordées aux militaires susvisés conformément aux instructions en vigueur.

48. PERMISSIONS D'UNE DURÉE VARIABLE, déterminée par des instructions spéciales; le prix du voyage est payé par les permissionnaires, au tarif militaire.

49. DISPOSITIONS COMMUNES A TOUS LES PERMISSIONNAIRES VISÉS AU CHAPITRE V. — 1º Sous aucun prétexte, le titre de permission spécial aux militaires mentionnés aux chapitres II, III et IV ne doit être utilisé pour les permissionnaires mentionnés au chapitre V.

Si, par hasard, cette prescription n'était pas observée, l'employé qui découvrira l'erreur au départ refusera le titre, le retirera et l'adressera au 4e Bureau de l'État-major d'armée. Mais, si c'est en cours de route ou à destination que l'erreur est découverte, l'employé se bornera à signaler sur son rapport le nom et le corps du militaire détenteur de la permission irrégulière; ces indications seront transmises à la Commission de réseau intéressée.

2º Les sous-officiers ou soldats en permission n'ont pas le droit de quitter la localité pour laquelle la permission leur a été accordée sans l'autorisation du général commandant la subdivision ou, à défaut, du commandant d'armes ou, à défaut, de la gendarmerie;

Cette autorisation ne sera accordée qu'à titre exceptionnel et pour des raisons sérieuses.

Elle sera portée sur le titre de permission sous la forme suivante : « Autorisé à se rendre à... », suivie du titre, de la signature et du cachet de l'autorité militaire.

Tous les déplacements autres que le voyage qui devait

être normalement effectué ont lieu aux frais du permissionnaire, au tarif militaire.

Sous aucun prétexte, l'autorisation susvisée ne pourra être accordée plus d'une fois au cours d'une même permission ;

3° Ces permissions ne pourront être prolongées ou renouvelées. Toutefois, dans des cas absolument exceptionnels (événements graves de famille, par exemple), une prolongation pourra être accordée par les généraux commandant les subdivisions aux militaires qui en feraient la demande, à la condition qu'une enquête préalable en ait prouvé la nécessité absolue.

50. Dispositions spéciales aux militaires indigènes. — Aucune des permissions prévues ci-dessus aux paragraphes 38, 39, 40, 43, 47, 48, ne peut être accordée aux militaires indigènes de l'Afrique du Nord.

Dans les formations sanitaires et dépôts de passage de France, il peut leur être accordé des permissions de la journée ou de l'après-midi.

Des permissions exceptionnelles pour événements graves de famille ne peuvent leur être accordées que sur autorisation spéciale du ministre (État-major de l'armée; Section d'Afrique).

Les militaires indigènes sortant des hôpitaux militaires ou temporaires, ou des hôpitaux-dépôts de convalescents, doivent être dirigés sur le dépôt de passage de leur corps en France. De là, ils peuvent être renvoyés dans leur pays d'origine, dans les conditions qui ont fait l'objet d'instructions spéciales au général commandant la 15ᵉ région. A leur arrivée à la portion centrale de leur corps en Afrique, ils bénéficient d'une permission d'une semaine.

VI — Discipline des permissionnaires.

51. Dans les trains militaires, il doit toujours y avoir des chefs de wagons et de compartiments.

Les trains de permissionnaires seront accompagnés d'une *garde de police,* conformément aux instructions de détail qui seront envoyées directement aux généraux commandant les régions.

Cette garde sera commandée par un officier; elle sera fournie par les corps actifs ou de réserve. L'officier et la garde de police assureront le service pour le voyage d'aller et le voyage de retour.

Avant le départ, l'officier de service fera autant que possible vérifier par le sous-officier, accompagné d'un agent du chemin de fer, les titres de permission, afin d'éviter les erreurs de direction. Pour le voyage vers le front il fera vérifier en même temps si la date de la case F est bien celle du jour; si la date n'est pas celle du jour, on appliquera les prescriptions du paragraphe 25.

Aux gares de bifurcation, où les permissionnaires pourraient trouver des trains de l'exploitation se dirigeant vers Paris, une surveillance particulière sera exercée. Toutes indications sur ces gares seront fournies au départ par le commissaire militaire ou le chef de gare, qui remettront à l'officier l'horaire du train qu'il accompagne.

L'officier choisira, tant à l'aller qu'au retour, parmi les gradés qui utilisent le train sur la totalité de son parcours, des chefs de compartiments, ou, tout au moins, de wagons, qui seront responsables de la discipline de leur wagon et de leur compartiment pendant la durée du trajet.

Si des cas de désordre se produisent dans un wagon déterminé (mauvaise tenue des hommes, dégâts commis, etc.) et que le chef de wagon n'ait pas désigné les coupables, les mesures suivantes seront appliquées : s'il vient du front, il sera, à son arrivée, et sans qu'il puisse sortir de la gare, renvoyé sur le front. La mention de la mesure prise sera portée sur le titre de permission. Si le chef de wagon signale les soldats coupables, ce sont ces militaires qui, dans les conditions ci-dessus indiquées, seront renvoyés au front.

Si les faits se produisent au cours du voyage de retour au front, mention des incidents sera portée par l'officier chef de train sur la permission, soit du chef de wagon, s'il n'a pas signalé les coupables, soit des militaires désignés par lui.

52. MM. les *commissaires de gare* doivent veiller avec le plus grand soin à l'observation de la discipline pendant le parcours. Ils prendront les mesures nécessaires pour que les militaires ne montent pas dans les trains où ils n'ont pas accès ou dans les voitures des classes où ils ne sont pas admis.

Lorsque des fautes contre la discipline se produisent dans leur gare, il leur appartient de prendre sans faiblesse toutes mesures nécessaires, et, s'il y a lieu, de faire immédiatement une enquête sur les faits qui se sont produits.

53. Tous les dimanches et jours de fête, et, en outre, aussi souvent que possible, dans les gares de l'intérieur, particulièrement dans les gares où se trouve un commissaire militaire, la *gendarmerie* devra exercer un contrôle très strict sur les permissionnaires en stationnement dans la gare et surtout de passage dans les trains. Elle portera spécialement son attention sur le titre de permission, sur le train qu'utilise le permissionnaire si c'est un permissionnaire du front, et sur la classe où il voyage.

54. Les agents des réseaux de chemins de fer ne doivent *délivrer de billets* aux militaires isolés (officiers exceptés) que sur le vu d'une permission régulière émanant d'une autorité militaire dûment qualifiée, et autorisant le militaire à se rendre dans la localité pour laquelle il demande un billet. Toutefois, aux permissionnaires de plus de quarante-huit heures, il sera délivré des billets au tarif militaire pour se rendre à la gendarmerie desservant leur résidence et revenir à leur point de départ.

Si le militaire n'a pas de titre de permission, les employés ne doivent pas lui délivrer de billet, même à plein tarif.

S'il a un titre d'absence, ils ne doivent lui délivrer de billets que pour la classe où son grade l'admet à voyager.

Sous aucun prétexte, ils ne doivent délivrer de billets militaires sur le vu d'un laissez-passer ou d'une permission qui n'est pas signée d'une autorité militaire.

55. *Les militaires venant des armées, qui ne sont pas en possession de leur titre de permission,* seront mis, par les commissaires militaires des gares, à la disposition de la gendarmerie. Toutefois, ceux dont la bonne foi ne paraît pas douteuse seront renvoyés immédiatement sur la gare régulatrice de leur armée, et seront confiés à des gradés retournant directement au front, toutes les fois qu'il sera possible de le faire.

Dans les gares qui ne possèdent pas de commissaire militaire, les militaires en situation irrégulière seront, si possible, signalés à la gendarmerie ou au commissaire militaire de la gare la plus voisine dans le sens du parcours, qui prendra à leur égard les mesures indiquées ci-dessus.

56. Toutes les mesures doivent donc être prises pour éviter, dans toute la mesure possible, que les militaires circulent dans une classe à laquelle ils n'ont pas droit. Un contrôle très sévère devra être exercé sur toutes les lignes, dans les stations et en marche, surtout les samedis, dimanches, jours de fête et veilles de fête. Les noms des délinquants seront signalés à l'autorité militaire.

VII — Mesures communes à tous les militaires en congé de convalescence ou en permission.

57. Tous les militaires, officiers aussi bien que soldats, titulaires d'un titre d'absence de plus de quarante-huit heures, devront soumettre eux-mêmes leur titre au visa du commandant d'armes ou à celui de la gendarmerie. Mention de cette obligation devra être portée sur les titres d'absence délivrés, tant au front que dans la zone de l'intérieur, aux lieu et place des anciennes dispositions.

58. Aucun titre de congé ou de permission ne peut être établi pour deux destinations.

59. Les ordres de transports doivent indiquer, non seulement le point de départ et celui d'arrivée, mais l'itinéraire par la voie la plus courte. L'autorité qui établit l'ordre de transport doit indiquer cet itinéraire sur toutes les parties de ces ordres, dans la case intitulée : « Itinéraire par les voies ferrées. » Les autorités qui auront négligé de se conformer à cette recommandation seront responsables des conséquences de l'inobservation de cette prescription.

60. Classes où peuvent voyager les militaires dans les trains de l'exploitation. — 1° *Militaires porteurs* *d'un ordre de transport ou d'une permission du front.* — Ces titres donnent droit au transport gratuit dans les classes suivantes :

Officiers de tous grades : 1re classe;

Adjudants chefs, adjudants et assimilés, aspirants : 2e classe;

Autres militaires : 3e classe.

Toutefois, les militaires qui doivent voyager en 3e classe pourront être admis à voyager en 2e classe, en payant un supplément égal à la différence entre le prix d'un billet de 2e classe au tarif militaire et le prix d'un billet de 3e classe au même tarif pour le parcours qui leur restera à effectuer au moment où ils demanderont à changer de classe.

Cette mesure n'est applicable que dans les trains de voyageurs de l'exploitation, sur les parties du trajet où il n'existe pas de trains spéciaux de permissionnaires, dans lesquels le déclassement n'est pas autorisé.

2° *Militaires payant leur place.* — Sont admis à voyager :

Les officiers : dans toutes les classes;

Les autres militaires : en 2e ou 3e classe.

61. LOCALITÉS OU PEUVENT ÊTRE PASSÉS LES CONGÉS DE CONVALESCENCE ET LES PERMISSIONS. — *Zone de l'intérieur* (y compris la principauté de Monaco) et régions de la zone des armées situées en deçà de la ligne de démarcation pour la circulation en chemin de fer, localités situées sur cette ligne non comprises (1) : tous les militaires qui ont obtenu un congé de convalescence ou une permission.

Remarque. — Pour se rendre dans certains cantons frontières des 7e, 14e, 16e et 18e régions, il faut l'autorisation spéciale du commandant de l'arrondissement de gendarmerie, délégué du général commandant la région.

62. *Localités de la zone des armées situées au delà de la ligne de démarcation pour la circulation en chemin de fer ou sur cette ligne et en deçà de la limite indiquée au tableau annexé au présent chapitre.* — Tous les militaires qui ont obtenu un congé de convalescence et tous les permissionnaires de vingt-quatre heures (dimanches et jours fériés).

63. Localités du territoire français situées au delà de la limite indiquée au paragraphe 62 :

a) Militaires proposés pour la réforme n° 1 par une commission spéciale de réforme, et mis en congé de convalescence en attendant leur radiation définitive des contrôles;

b) Exceptionnellement, et avec l'autorisation du général commandant en chef, les permissionnaires autres que ceux

---

(1) Cette ligne passe par les gares de Delle, Montbéliard, Lure, Faymont, Plombières, Épinal, Charmes, Nancy, Pont-Saint-Vincent, Barisey, Vaucouleurs, Gondrecourt, Bar-le-Duc, Vitry-le-François, Châlons-sur-Marne, Épernay, Château-Thierry, Mareuil-sur-Ourcq, Crépy-en-Valois, Senlis, Creil, Saint-Just-en-Chaussée, Amiens, Abbeville, Boulogne, Calais.

de vingt-quatre heures dont la famille réside au delà de cette limite.

64. *Corse, Algérie, Tunisie et Maroc* (y compris Tanger). — Militaires qui ont obtenu un congé de convalescence et tous les permissionnaires autres que ceux de vingt-quatre heures.

Les militaires français et indigènes des corps d'Algérie, Tunisie, Maroc, en permission d'une semaine après blessure ou maladie, ou en congé de convalescence, dans la colonie ou le protectorat, rejoignent, à l'expiration de leur congé ou permission, les portions centrales de leur corps en Algérie, en Tunisie ou au Maroc (et non les dépôts de passage de France), sauf toutefois ceux dont le congé ou la permission auraient été accordés à la sortie d'une formation sanitaire de la zone des armées : ceux-ci doivent rejoindre directement leur corps aux armées.

Les militaires français et indigènes du corps d'Algérie, Tunisie, Maroc, en permission à tout autre titre dans la colonie ou le protectorat, rejoignent directement leur point de départ, à l'expiration de leur permission.

Les militaires indigènes bénéficiant d'une permission d'une semaine, dans les conditions prévues par le paragraphe 50 ci-dessus, rejoignent, à l'issue de cette permission, leur portion centrale d'Afrique.

65. Dans aucun cas, les militaires indigènes ne doivent être envoyés en congé ou permission dans les familles françaises.

66. *Colonies françaises autres que l'Algérie et la Tunisie.* — Les militaires qui, avant la mobilisation, avaient leur résidence légale dans les colonies françaises, et qui obtiendraient un congé de convalescence de deux mois ou au-dessus, peuvent, sur avis conforme du médecin traitant, être autorisés à passer la durée de ce congé dans les colonies. Dans le cas d'autorisation, il ne sera pas accordé de délai de route, mais les frais de la traversée seront à la charge de l'État.

Les intéressés pourront, si leur santé le nécessite, être affectés, à l'expiration de leur congé, à un corps de troupe stationné dans la colonie, par décision du commandant supérieur des troupes, qui appréciera également s'ils peuvent ultérieurement être envoyés en France.

Au cas où ils recevraient une affectation dans la colonie, avis de cette décision devra être porté, d'extrême urgence, par le commandant supérieur, à la connaissance du général commandant en chef ou du général commandant la région, suivant le cas.

67. *Grande-Bretagne, Italie.* — Permissionnaires du front (six jours) ou de l'intérieur (quatre jours), lorsque ces militaires sont possesseurs d'une pièce authentique justifiant qu'ils ont leur famille dans ces pays (père, mère, femme ou enfants). Lorsque des permissions de cette nature seront accordées, il en sera rendu compte au ministre, sous le timbre des 2ᵉ et 5ᵉ bureaux de l'État-major de l'armée.

Ces militaires pourront passer par Boulogne-sur-Mer, le Havre, Cherbourg et Saint-Malo pour se rendre en Angleterre, Écosse ou Irlande, par Saint-Malo ou Granville pour se rendre aux îles anglo-normandes, et par Menton-Vintimille pour se rendre en Italie.

Les permissionnaires pour l'Angleterre, l'Écosse ou l'Irlande devront être dirigés sur le port le plus voisin du point de départ.

Ils devront faire visiter leur titre d'absence, à l'aller et au retour, par le commandant d'armes du port où ils s'embarquent ou son délégué, ou par le commissaire militaire de la gare de Menton.

La durée de la permission ne compte que de l'arrivée au port d'embarquement ou à Menton.

Les permissionnaires ont droit au transport gratuit par voie ferrée jusqu'au port d'embarquement ou jusqu'à la gare frontière, ainsi que sur les paquebots et sur les chemins de fer d'Angleterre, d'Écosse et du Pays de Galles, pour se rendre à destination.

Sur les chemins de fer italiens, les permissionnaires ont droit au tarif militaire sur présentation aux guichets des gares d'un ordre spécial modèle B. Ces ordres modèles B sont délivrés directement aux intéressés, sur le vu de leur titre de congé, par l'officier italien de service à la gare de Menton. Ils peuvent être également fournis aux chefs de corps ou d'établissements militaires sur leur demande écrite adressée au chef de la section italienne du Bureau interalliés (282, boulevard Saint-Germain, Paris).

68. Les militaires en permission en Angleterre ou en Italie devront se présenter à l'attaché militaire à Londres ou à Rome, s'ils sont en permission dans l'une de ces deux villes ou à proximité, ou bien l'aviser de leur résidence, s'ils ne sont pas en permission à Londres ou à Rome ou à proximité.

69. Ligne limite des localités que ne peuvent dépasser que les permissionnaires indiqués au paragraphe 63. — Elle est délimitée par la frontière française jusqu'à la limite est du canton de Bailleul, la limite est de ce canton, des communes de Neuf-Berquin et Merville, du canton de Lillers, des communes de Chocques, Labeuvrière, Lapugnoy, Marles, Bruay, Houdain, Ranchicourt, Gauchin-Légal, Caucourt, Villerschâtel, Aubigny, Tilloy-lès-Hermaville, Izel-lès-Haneaux, limite est du canton d'Avesnes-le-Comte, des communes de Warlincourt-lès-Pas, Pas-en-Artois, Louvencourt, Acheux, Varennes, Harpon-Ville, Warloy-Baillon, Baizieux, Ribemont-sur-l'Ancre, Sailly-le-Sec, Sailly-Lorette, limite est des cantons de Corbie et de Moreuil, des communes de Boussicourt, Fignières, Ételfay, Faverolles, Piennes, Rellot, Mortemer, Cuvilly, Gournay-sur-Aronde, Mouchy-Humières, Baugy, limite nord du canton de Compiègne, des communes de

Janville, Choisy-au-Bac, Rethondes, Trosly-Breuil, Cuise-le-Motte, Croutoy, Montigny-l'Engrain, Cutry, Missy-aux-Bois, Ploisy, limite nord du canton d'Oulchy-le-Château, des communes de Cerseuil, Lime, Paars, Vauxcère, Blanzy-lès-Fismes, limite nord du canton de Fismes, de la commune de Guyancourt, puis du canton de Fismes, des communes de Muizon, Thillois, Ormes, Bezannes, Champfleury, Montbre, Ludes, Mailly-Champagne, Verzenay, Verzy, puis une ligne qui, rejoignant la voie ferrée Reims—Verdun, à hauteur de Sept-Vaulx, la suit jusqu'à Verdun, la Meuse entre Verdun et la limite de l'arrondissement de Commercy, cette limite nord, puis la ligne Courouvre, Pierrefitte, Baudremont, Lignières (ces localités incluses), la limite nord des cantons de Ligny et Commercy, la Meuse jusqu'à Commercy, la limite nord des cantons de Euville, Aulnoy-sous-Vertuzey, Boucq, Sanzey, Royaumeix, Tremblecourt, Rogéville, Villiers-en-Haye, la ligne Ville-au-Val, Jandelaincourt, Moivron, Champenoux, Hoéville, Serres, Valhey, Bauzemont, Crion, Sionviller, Croismare, Morainviller (ces localités incluses), le cours de la Verdurette jusqu'à Vacqueville, Raon-l'Étape, la Meurthe jusqu'à la frontière, la frontière jusqu'à la Suisse.

VIII — Autres dispositions.

70. Sont annulées les dispositions antérieures contraires à celles de la présente circulaire.

71. La présente circulaire devra être portée à la connaissance des commandants d'armes, commandants de dépôts, sous-intendants, chefs de légion de gendarmerie, commandants de brigade de gendarmerie, commissaires de gare et médecins chefs des formations sanitaires. A cet effet, le nombre d'exemplaires nécessaire sera adressé.

TABLE DES MATIÈRES

NANCY, IMPRIMERIE BERGER-LEVRAULT — SEPTEMBRE 1916

www.ingramcontent.com/pod-product-compliance
Lightning Source LLC
Chambersburg PA
CBHW061606050726

47595CB00007B/2811